NOUVEAUX PRINCIPES

DE

LECTURE,

DANS LESQUELS ON TROUVE L'AVANTAGE D'APPRENDRE A LIRE

LE FRANÇAIS ET LE LATIN

EN BEAUCOUP MOINS DE TEMPS QUE PAR LA MÉTHODE ANCIENNE ET ORDINAIRE, JOINT A LA FACILITÉ DE DONNER LA LEÇON A PLUSIEURS PERSONNES A LA FOIS

ÉPROUVÉS ET MIS EN PRATIQUE AVEC SUCCÈS PAR PLUSIEURS MAITRES.

SE TROUVE A CHAMBÉRY, CHEZ PUTHOD, LIBRAIRE.

AVERTISSEMENT SUR LA LECTURE DU FRANÇAIS.

Pour rendre encore plus utiles les principes qu'on donne ici, et qui s'emploient, depuis quelque temps, avec le plus grand succès par les Maîtres de lecture, on a fait, dans cette édition, quelques légers changemens suggérés par la pratique.

Après chaque leçon, on donne une lecture composée des mots entiers, qui renferme les principes, et qui, outre l'avantage de les inculquer toujours mieux en les appliquant aux mots, a encore celui d'encourager les Écoliers qui commencent à goûter, par la lecture de ces mots, le fruit de la peine qu'ils ont eue à apprendre les principes qui ne contiennent que des sons capables de les dégoûter. On trouve, dans ces petites lectures, l'application de tous les principes nécessaires pour apprendre à lire ; ces mêmes lectures, dont les mots sont séparés par syllabes, ont encore l'avantage d'épargner aux enfants un grand espace de temps qu'ils mettent pour l'ordinaire à épeler (ou vulgairement à compter). Il faudra donc bien faire attention de ne les point faire épeler par cette méthode, et, dès la seconde leçon, il leur faudra faire dire tout d'un coup, *ba*, et non pas en trois temps *b-a ba*; il en sera de même de toutes les syllabes renfermées dans les leçons, et dans les mots de lectures. Si l'on prend, par exemple, le mot *dimanche*, il ne faites point épeler ainsi, *d-i*, *di*, *m-a-n*, *man*, *c-h-e*, *che*, *dimanche*; faites leur dire en trois sons, *di-man-che*; cette manière de lire n'est point aussi difficile pour les enfants qu'on pourrait le croire, si on a attention de les préparer de la manière suivante : avant de leur faire lire les leçons, demandez-leur plusieurs syllabes de la leçon qu'ils doivent lire, sans les leur faire voir, en leur disant, *b* avec *a* quel son fait-il ? faites leur répondre *ba* d'une seule voix ; de même pour la quatrième leçon *a* avec *b*, ils répondront *ab* ; pour la septième leçon, *bl* avec *a* fera *bla*, et ainsi des autres sons.

Lorsqu'ils auront lu, et qu'ils sauront bien une leçon, on doit aussi les interroger sur plusieurs syllabes de cette leçon, en leur demandant pour faire *ba* quelles lettres faut-il ? ils doivent répondre *b* et un *a* ; ainsi des autres leçons : on peut de même, lorsqu'ils seront à la lecture, leur demander les lettres et les sons nécessaires pour former les mots entiers. A l'égard des leçons où les syllabes ne conservent pas le son naturel des lettres, telles que les leçons 5, 8, 10, 11, 12 et quelques syllabes de la 7, on se contentera de leur faire remarquer les lettres qui composent les sons. Il faut aussi laisser trouver à un enfant, autant qu'il est possible, les sons des leçons, et les mots des lectures, même lorsqu'il les lit pour la première fois, quand les leçons sont composées de lettres ou de sons qui lui sont déjà connus ; et s'il se trompe, on doit l'aider en lui mettant sous les yeux, ou lui rappelant les principes précédens.

Il faut avoir la précaution de faire toujours répéter la leçon avant la lecture faite pour cette leçon. On ne doit pas laisser lire un enfant seul, surtout dans le commencement, de crainte qu'il ne prononce mal ses lettres et ses sons, et ne les nomme les uns pour les autres.

Il arrive souvent qu'un enfant ne connoît ses lettres que par l'ordre de l'alphabet, et ses sons que par rapport à la place où il les voit ; c'est ce qui a engagé de répéter plusieurs fois tout l'alphabet dans la première leçon, et chaque fois dans un ordre différent.

Mais quelque utiles que doivent être les principes, il pourroit rester encore à un enfant quelque difficulté que la pratique lèvera bientôt.

Lorsque les écoliers sauront bien ce que contiennent ces principes, on peut continuer à en faire lire plusieurs à la fois; on leur donnera pour cela, à tous, le même livre ; on en fera lire alternativement un, en chargeant les autres de le reprendre, s'il se trompe, ou le Maître les reprendra lui-même.

ALPHABET,

Voyelles. A E I O U.

Consonnes (1).
be	que	de	fe	gue	he	je	que	le	me	ne
b	c	d	f	g	h	j	k	l	m	n

pe	que	re	se	te	ve	queze	ye	ze
p	q	r	s	t	v	x	y	z

Pour nommer les lettres, il faudra donner aux consonnes le son naturel qu'elles produiroient si on leur ajoutoit un *e* muet à la fin, tel qu'il est marqué en caractères italiques.

Quand un enfant connoîtra bien les lettres, on lui dira que le *c* se prononce *se* devant *e* et *i*, que le *g* fait *je* devant *e* et *i*, que le *s* entre deux voyelles fait *ze*, que le *t* se prononce quelquefois comme *si* lorsqu'il est suivi d'un *i* et d'une voyelle après *i*, et que lorsqu'après le *t* il y a un *i* et un *o*, le *t* fait presque toujours *si*.

Ces principes étant composés pour la lecture du français, il faut donner aux deux voyelles *a*, *o*, lorsqu'elles n'ont point d'accents, le son qu'elles ont ordinairement en français, comme dans ces mots *a-mi*, *o-li-ve*.

(1) La réflexion et l'expérience montrent que cette manière de nommer les lettres donne plus de facilité pour apprendre à lire que l'ancienne ; on peut néanmoins se servir de la méthode usitée autrefois, si on la préfère.

PREMIÈRE LEÇON.

a b c d e f g h i j k l m
n o p q r s t u v x y z.
A B C D E F G H I J K L M N O P
Q R S T U V X Y Z.

a b c d e f g h i j k l m n o p q r s t u v x y z.

Voyelles, a e i o u.

Consonnes. b c d f g h k l m n p q r s t v x z.

L'Alphabet répété plusieurs fois.

b f c g l d h m q e i j n r u k s o
v p x t y z e d k c r q b h m n a h
u s z i m s i j t u v z s o l m q r r
g b e a c d a f l g m r i v h n g c s
x d o s j e p t z b p b x a u n o p s
f r v y i q t z.

Lettres liées ensemble. fl ffl fi ffi ff *fl ffl fi ffi ff* æ œ w *œ œ.*

SECONDE LEÇON.

	e	é	è	ê [1]	
Ba	be	bé	bi	bo	bu.
Ca	ce	cè	ci	co	cu.
Da	de	dê	di	do	du.
Fa	fe	fè	fi	fo	fu.
Ga	ge	gê	gi	go	gu.
Ha	he	hé	hi	ho	hu.
Ka	ke	ké	ki	ko	ku.
La	le	lê	li	lo	lu.
Ma	me	mè	mi	mo	mu.
Na	ne	né	ni	no	nu.
Pa	pe	pé	pi	po	pu.
Qua	que	quê	qui	quo	quu.

(1) Cet accent (´) s'appelle aigu : celui-ci (`) se nomme grave : et celui-ci (ˆ) circonflexe. Il ne faut pas faire passer les Ecoliers au ba, be, etc., qu'ils ne sachent bien prononcer ces différens e accentués.

4

Ra	re	ré	ri	ro	ru.
Sa	se	sé	si	so	su.
Ta	te	té	ti[1]	to	tu.
Va	ve	vé	vi	vo	vu.
Xa	xe	xê	xi	xo	xu.
Ya	ye	yé	yi	yo	yu.
Za	ze	zê	zi	zo	zu.

LECTURE.

Ma da me, li re, sa la de, sa ge, ma ri, a me, ra ce, pi pe, o li ve, me nu, me na ce, lu ne, ra ve, pa-ge, pa ro le, ju pe, ca ra fe, ca pu-ci ne, a ma zone, ga ge, cu ré,

(1) Observez que *ti* fait quelquefois *si*, lorsqu'il est suivi d'une autre voyelle, et surtout d'un *o*.

ca ba ne, ce ci, a ga the, o ri gi ne,
ju ge, (1) rhu me, do mi ni que,
ca tho li que, ri di cu le, ba di ne,
lo ge, dé lu ge, sa li ve, tu li pe,
ni co le.

(1) L'*h* ne se prononce que quand elle est précédée d'un *c*, comme dans *chat*.

TROISIÈME LEÇON.

(1) *ia, ie, io, ua, ue, ui, ée.*

LECTURE.

Jo li e, cui re, ca va le rie, hui-
le, nu a ge, ma ri a ge, thé o lo gie,
vi o le, a mie, ca fe tiè re, ci me-
tiè re, ri viè re, niè ce, pi tié, fio-
le, a mi tié, fu mée, co mé die,

(1) Observez que ces deux voyelles ne forment en quelques mots, qu'une syllabe; et dans d'autres, elles en forment deux.

a na to mie, gé ni e, ju lie, ma-
ri ée, ma la die, rui ne, sui te.

QUATRIÈME LEÇON.

ab	eb	ib	ob	ub.
ac	ec	ic	oc	uc.
ad	ed	id	od	ud.
af	ef	if	of	uf.
ah	eh	ih	oh	uh.
al	el	il	ol	ul.
ar	er[1]	ir	or	ur.
as	es	is	os	us.

LECTURE.

Sac, bec, sec, miel, fiel, car na-
val, vier ge, su er, sil vi e, bar-

[1] Observez que *er* se prononce souvent, surtout à la fin du mot, comme s'il y avait *ér*, bénitier, regarder.

que, ur ne, re nard, her mi te, pic.

LECTURE.

Pour les Lettres doubles.[1]

bo nne, ba ttu, bo ssu, fra pper, a ssu rer, fo ssé.

[1] Observez que le plus souvent, les lettres doubles se prononcent comme si elles étaient simples.

CINQUIÈME LEÇON.

a e é i o u a e i i o o u é.
as es és is os us at et it its ot ots ut ez.

Les syllabes de cette leçon répétées plusieurs fois.

Ut	ot	as	és	ès	ez	os
ots	uts	es	ès	as	os	us
os	ut	its	ots	utz	as	et.

LECTURE.

Ma te las, re but, ha bit, de nis, a mas, tu re çus, é tuis, puits, ni co las, put, par lez, ex cès, sots, pot, fus, fat, a mi tié, fa tui té.

SIXIÈME LEÇON.

[1] *a-ze è-ze i-ze o-ze u-ze.*
ase èse ise ose use.

LECTURE.

Ca mi so le, a mu ser, jo su é, ce ri se, va se, gé né ro si té, cu ri o si té, jé sus, jé sui te, go sier, bap ti sé, é pui sé, o sé.

[1] Observez que *s*, entre deux voyelles, se prononce ordinairement comme *z*.

SEPTIÈME LEÇON.

ble bre che cre cle cre que-te dle dre
bl br ch cr cl cr ct dl dr
fle fre gle (1) gre gue (2) fe
fl fr gl gn gr gue ail ill ph
fle fre ple pre pse sque se spe
phl phr pl pr ps sc sc sp
sfe ste stre tte tre vle vre.
sph st stre tt tr vl vre.

---

bla	ble	bli	blo	blu
bra	bre	bri	bro	bru
cha	che	chi	cho	chu
cla	cle	cli	clo	clu
chra	chre	chri	chro	chru
cra	cre	cri	cro	cru

(1) Agnelet.
(2) Paille.

10

cta	cte	cti	cto	ctu.
dla	dle	dli	dlo	dlu.
dra	dre	dri	dro	dru.
fla	fle	fli	flo	flu.
fra	fre	fri	fro	fru.
gla	gle	gli	glo	glu.
gna	gne	gni	gno	gnu.
gra	gre	gri	gro	gru.
gua	gue	gui	guo	guu.
illa	ille	illi	illo	illu.
pha	phe	phi	pho	phu.
phla	phle	phli	phlo	phlu.
phra	phre	phri	phro	phru.
pla	ple	pli	plo	plu.
pra	pre	pri	pro	pru.
psa	pse	psi	pso	psu.
sca	sce	sci	sco	scu.
sça	sçe	sçi	sço	sçu.

spa	spe	spi	spo	spu.
spha	sphe	sphi	spho	sphu.
sta	ste	sti	sto	stu.
stra	stre	stri	stro	stru.
tta	tte	tti	tto	ttu.
tra	tre	tri	tro	tru.
vla	vle	vli	vlo	vlu.
vra	vre	vri	vro	vru.

LECTURE.

bl. Ta ble, bla sé, blé, bloc, blu te ri e, blu et.

br. Bro der, a bri cot, bras, bra ve, bre bis, bri ser, bra sier, broc, bru ni.

ch. Che val, cha pe let, bro cher, bro chu re, char ge, cher cher, choc, ca té chis me, é cor-

chr. Chré tien ne, chro no lo gie, chry sa li de, chri si tes.

cl. Clo che, clas se, cler gé, mi ra cle, cli mat, clo por te, clu se.

cr. Cru che, é cri re, cras se, cro chet, cru el, mer cre di.

ct. A cte, pe cto ral, tact, re cti tu de, ca ra ctè re.

dr. Dra gée, per drix, dro gue, dru, ca thé dra le, drap.

fl. Flû te, flam me, flè che, sif flet, fla geo let, af fli gé, fluet.

fr. Fro ma ge, fra gi le, fruit, fri ser, fri pon.

gl. Gla ce. rè gle, é gli se, glo be, glu.

gn. Bor gne, a gne let, ma gni fi que, vi gne, mi gno ne, rossignol.

gr. Gri ve, gre ffier, gra tter, gru ger, gro tte, gri ffe, gros.

gu. Gué rir, gui chet, gui der, fi gue, ba gue.

ph. Phi lo so phe, phi lip pe.

phl. Phlé bo to mi ser.

phr. Phra se, phré né sie.

pl. Plu me, pla ce, ap pli quer, ap pla ti, plo yer, plu ie.

pr. Pru ne, pro bi té, pré, pra li ne, pri so nnier.

ps. Psal mo die, psal mis te,

sc. Scri be, sca ri fier, scul pter, e scor te.

sç. Sça voir sça vant.

sp. Spé cial, spec ta cle.

sph. Sphé ri que, sphè re.

st. Sta ble, stu pi de, ve-ste, e sti me, tri ste sse, e sto mac.

str. Astre, stra pa sser, strié, stro phe, struc tu re.

tr. Tri ni té, tri cot, tra pe, tré pas, tro quer, a tro ce, trui te.

vr. Vi vre, i vroie, a vril, li-vre, sui vre.

HUITIÈME LEÇON.

ill aill ail eill eil euil euils.

LECTURE.

ill. Fille, juillet, billet, pa pillo-te, quille, ha biller.

Exceptez certains mots, comme ville, camille, illustre, etc.

aill. Ba taille, mu raille, paille, te nailles.

ail. Por tail, tra vail.

eill. O reille, treille, o seille, a beille, vi eille.

eil. So leil, som meil, œil, pa reil, ré veil.

euil. Deuil, cer feuil, or gueil.

euils. Seuils, cer cueils.

NEUVIÈME LEÇON.

an an an e in in in

an an en ent in ein ain

in oin ien on on ou

im oin ien on om ou

16

oulie	un	oa	oare	ô	ô
ouil	un	oi	oir	au	eau
eu	*eu*	*eure*	*è*	*a-i*	*è*
eu	œu	eur	ai	aï	ois
è	*è-ye*	*a-u*	*è.*		
oient	ay	aü	est.		

Les syllabes de cette leçon répétées plusieurs fois.

in ain ien ouil ois oit ay
im ein eu eur on am ou in an
oi eau ai oient ent om on au
ai oit ay an est eau aï am ein
oin an oir eur ein ouil un œu
ien om oi ouil ein.

LECTURE.

an. Man che, gant, gé ant.
am. Am ple, gam ba de, cham bre.

en.	Den telle, en fant, cent.
ent.[1]	Ils ri ent, mont ent, li-sent, é cri vent.
em.	Tem pê te, en sem ble.
in.	Vin, lin ge, pin çon.
ein.	Pein tre, tein dre.
ain.	Nain, é tain, de main.
im.	Im pos si ble, tim bre.
oin.	Oin dre, soin, point.
ien.	Mien, chien, an cien.
on.	Bon, le çon, se cond.
om.	Om bre, nom, plom.
ou.	Sou pe, goû ter, vous.
ouil.	Boui llon, moui ller.
un.	Lun di, au cun, a lun.
oi.	Boi re, doit, poids.
oir.	Sa voir, noir, mi roir.

[1] Observez aux enfans qu'à la fin des verbes, c'est-à-dire, de mots qui expriment qu'on fait quelque chose, *ent* se prononce comme un *e* muet.

au. Sau ce, miau ler, haut.
eau. Moi neau, cha peaux.
eu. Feu, Dieu, mieux.
œu. OEu vre, œuf.
eur. Peur, vo leur, su eur.
ai. Rai sin, chai se, pair.
aï. A do naï, ha ïr.
ois. Tu chan tois, pleu rois.
oit. Il par loit, dor moit.
oient. Ils li soient, man geoient.
ay. Pays, jo yeux, lo yal.
aü. Sa ül, E saü.
est. Il est, c'est.

LECTURE.

Composée des mots dont les syllabes ne sont pas détachées.

Fauvette, sage, rhume, figure,

racine, cela, cabane, céleri, pitié, jupe, fumée, cane, olivier, viole, pied, exercice, carpe, miel, humilité, job, luc, sorcier, hasard, la mort, jeanne, guitare, forteresse, assiette, bonnet, parlez, tu reçus, cuisine, besace, chameau, border, ruse, brosse, charrette, vigne, égratignure, cassonade, caractère, astre, sifflet, rectitude, scélérats, scribe, philosophie, guetter, scier, philippe, guichet, apprêt, orgue, deuil, soleil, oreille, bataille, fille, fraise, seuil, sommeil, treille, portail, paille, billet, cerfeuil, abeille, réveil, volaille, juillet, tric-trac, accueillir, réveillé, camail, habiller, orfèvre, troquer, salpêtre, hôte, divinité, succès, bâiller, feindre, simple, emmener, enfant, parrain, daim, ceinture, temps, hareng, massepain, intendant, embarras, soupons, goût, soin, secours, font, toujours, bien, bronze, lointain, musicien, moustache, quenouille, cheveux, couteaux, miroir, chacun, gueule, miauler, asseoir, fauteuil, je marchois, ils badinoient, je soupai, ils mangeoient, il est grand, démangeaison, mon cœur, payable, ils montent, payement, ils écrivent, paysan, il est content, ils chantent, employer, procession, mois, répréhensible, avouer, bal, bail, après, corroyeurs, réflexion, ils s'amusent, médaille.

21

DIXIÈME LEÇON.

Pour la liaison des mots.

bie - n - utile, *me - z - amis*,
bien utile, mes amis,
tro-p-entêté, elle - arrive, doi - t - être,
trop entêté, elle arrive, doit être,
so-n-habit, deu-z-épées, l'u-n-et l'autre,
son habit, deux épées, l'un et l'autre,
gran - t - homme, *di - z - écus*,
grand homme, dix écus,
trè-z-habile, on-enseign-au-z-autres,
très - habile, on enseigne aux autres,
aprè-z-avoi-r-enseigné, cinqu-assiettes,
après avoir enseigné, cinq assiettes,
avequ-esprit.
avec esprit.

LECTURE

Pour les différentes liaisons des mots.

Des habits enrichis de diamants et de perles. On n'avoit point averti. On ne pouvoit y entrer. On parle encore aujourd'hui de cet homme. Elle est assez ouverte. Des ennemis épouvantés ; jusques alors on se taisoit. Tantôt il paroissoit en l'air. Après avoir enseigné sept heures entières. On nous a dit mal-à-propos une histoire. Les avares aiment ordinairement. Travaillez avec assez de fruit. Son ami mourut bien avant. Toujours inquiet. Il en a sept à moi, trois à vous, deux à eux. Il est trop aimable.

PREMIÈRE LECTURE DU LATIN.

Cette première lecture n'a d'autre difficulté que celle de faire sentir toutes les lettres dans la prononciation; *faites prononcer toutes les voyelles comme si elles étoient accentuées.*

Tibi, tota, pudore, nomini, domino, tabula, oratio, habeo, benedicite, fidei, generatio, avaritia, præda, pretii, exitu, dixere, reipublicæ, sudavere, necessitas, dimitto, cani, postulare, exitu, mihi, mœstitia, adducta, gratiosa, deserti, maximus, strictè, proptereà, dissimulatio, virtute, jejunio, nostra, hac, hic, hæc, hoc, par, tener, mater, levis, memor, pictor, femur, jecur, ineptias, doces, dies, leges, cœlis, colis, stultitiis, honos, cœlos, latus, potiùs, amat, videat, deprimeret, venit, legit, tot, sicut, velut, pax, tenax, duplex, opi-fex, nox, crux, forceps, vult, omnes, omnibus, communico.

SECONDE LECTURE DU LATIN.

Pour les sons, **an, am, in, im, on, om, au,** qui se prononcent presque toujours en latin comme en français.

Antonius, blanditias, cumulantur, doceant, portans, anceps, fuerint, insero, insidiæ, impar, singulæ, impiè, pondus, frons, consocer, ponti-fex, aulicus, amplectere, aufero, lim-pidus, fraudator, causa, simplex, amant.

Lorsque les mots sont terminés par les syllabes

an, am, on, om, in, im,

prononcez *a-ne, a-me, o-ne, o-me, i-ne, i-me.*

an, satan, lunam, simiam, multam, dæmon, dagon, delphin, cucumin,

25

legem, sitim, navim, docuerim, non, pelvim, irin, cicadam, jason.

TROISIÈME LECTURE DU LATIN.

Pour les syllabes **en, em,** qui ont un son différent dans le français que dans le latin.

Prudentiæ, mens, patiendi, ingentia, absentia, sentiamus, emptio, exemplo, adempti, legent, mulcent, potens, ridens, respondent.

Lorsque les Mots sont terminés par les syllabes

en   em

prononcez   *e-ne   e-me.*

Lumen, semen, nomen, crimen, septem, idem, nationem, noctem, amen, ligamen.

Les syllabes **un um**

se prononcent *on om.*

Unde, voluntas, legunt, fundarint,

burgundiam, undecim, umbra, lumbi, recumbo, possunt, deducunt, columbam.

Lorsque les Mots sont terminés par la syllabe **um**, prononcez .... *o-me.*

Morbum, suum, præsentium, mearum, fundatorum.

Les syllabes **umn** se prononcent *ome-ne.*

Columna, alumnus.

Les syllabes **all, ell, ill, oll, ull,** se prononcent *al-le, el-le, il-le, ol-le, ul-le.*

Alleluia, allectus, procellus, villico, illa, ullius, millibus, ancilla, capillis, illecebra, facillimus, pupilla, molliens, millies.

La syllabe **ch** se prononce *que.*

Chorus, chrema, chorda, scholæ,

christus, anchises, ezechias, christianus.

La syllabe *gn* se prononce *gue-ne.*

Agnus, pugna, magno, magnificat, cognomen, agmen, lignum.

Les syllabes *gua, gue, gui, guo, guu,* se prononcent *gu-a, gu-e, gu-i, gu-o, gu-u.*

Linguas, languet, anguem, sanguis, languidus, arguunt.

Les syllabes *qua, que, qui, quo, quu,* se prononcent *cua, cue, cui, cuo, cu.*

Qua, quam, nunquam, numquid, undique, equis, requiem, quisque, equus, aliquod, loquuntur, quæ, usque, quem, relinquunt.

28

LECTURE DES LETTRES MAJUSCULES.

UN ÉLÈVE SANS MOEURS, EST UN ARBRE SANS FRUITS. FAISONS CE QUE NOUS DEVONS FAIRE, ET NON PAS CE QUE FONT LES AUTRES. QUI COMMENCE LE MIEUX, NE FAIT RIEN S'IL N'ACHÈVE. SOYEZ HUMBLE ET MODESTE AU MILIEU DES SUCCÈS.

CE N'EST PAS OBÉIR QU'OBÉIR DE MAUVAISE GRACE OU LENTEMENT.

Cette Figure (,) s'appelle *virgule* : celle-ci (;) s'appelle *pétit-qué* : celle-ci (:) se nomme *coma* : (.) s'appelle le *point* : (!) s'appelle *point d'admiration* : (?) s'appelle *point d'interrogation*. On s'arrête tant soit peu pour respirer à la virgule : on s'arrête un peu d'avantage au *petit-què* : encore un peu plus au *coma*. On s'arrête tout-à-fait au point.

Pour bien lire, observez, 1°. que la voyelle *e* muet se prononce très-peu à la fin des mots;

2° Que l'on prononce comme accentués les *e*, lorsqu'ils sont suivis de deux consonnes, comme dans *veste*, *sienne*, *ennemi*, *regle*: lorsqu'ils sont pénultièmes d'un mot terminé par une syllabe muette, comme dans *sincère*, *procède*, *espèce* ; et enfin, lorsqu'ils se trouvent au commencement d'un mot: comme dans *étant*, *estropié*, *estomac*, *évanté* : quoique ces accens ne se trouveroient pas dans le livre.

FIN.

LYON. — IMP DE DUMOULIN, RONET ET SIBUET.

www.ingramcontent.com/pod-product-compliance
Lightning Source LLC
Chambersburg PA
CBHW060634050426
42451CB00012B/2582